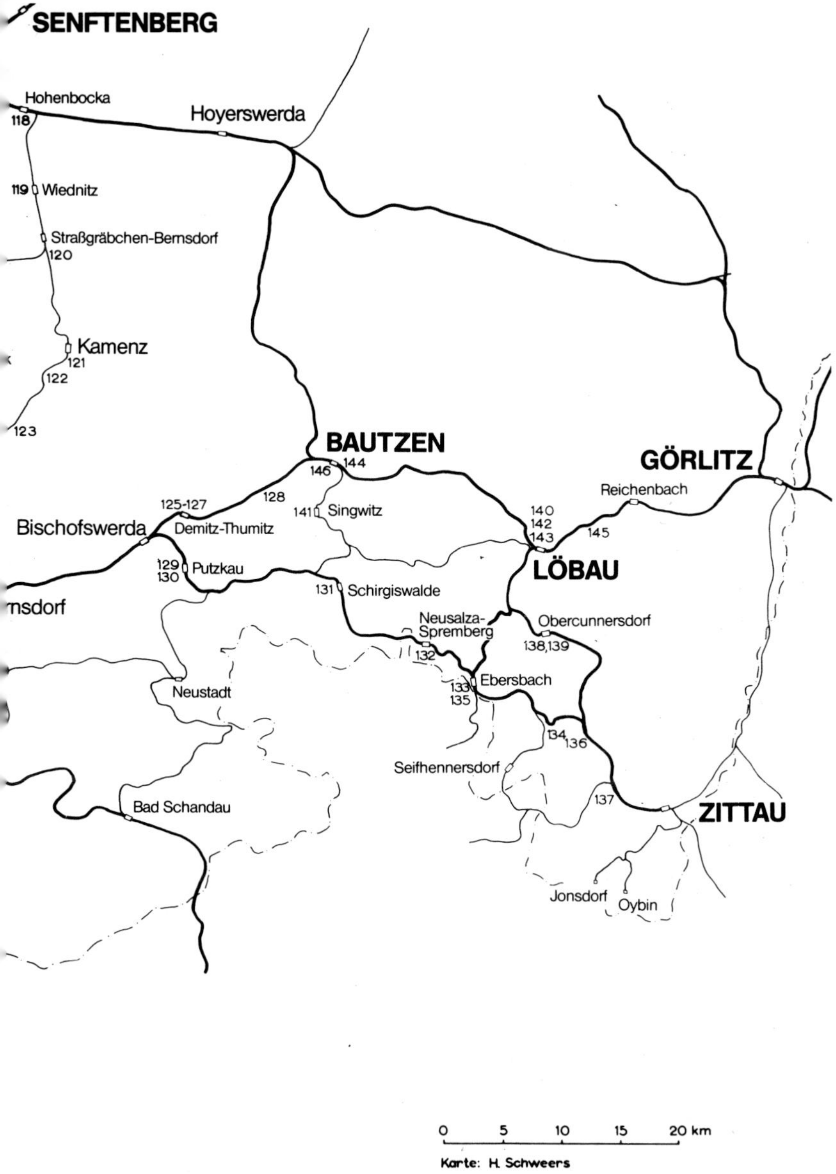
SENFTENBERG
Hohenbocka
118
Hoyerswerda
119
Wiednitz
Straßgräbchen-Bernsdorf
120
Kamenz
121
122
123
BAUTZEN
144
146
GÖRLITZ
Reichenbach
128
125-127
141
Singwitz
140
142
143
145
Bischofswerda
Demitz-Thumitz
LÖBAU
129
130
Putzkau
131
Schirgiswalde
nsdorf
Neusalza-
Spremberg
Obercunnersdorf
132
138,139
Neustadt
133
135
Ebersbach
134
136
Seifhennersdorf
137
Bad Schandau
ZITTAU
Jonsdorf
Oybin
0
5
10
15
20 km
Karte: H. Schweers

Rolf Ebberg
Michael Waidelich
Thomas Waidelich

Dampflokomotiven in Sachsen

1975 - 1985 (Normalspur)

Gondrom

Titelbild:
Bei herrlichem Winterwetter und klirrender Kälte begegnen wir an der Strekke Meißen - Nossen dem N 61348. Das Personal der 50 3540 vom Bw Nossen muß sich auf der langen Rampe bis Deutschenbora kräftig ins Zeug legen, um die schwere Fuhre in Bewegung zu halten. Bei der Vorbeifahrt am Block Rothschönberg ist etwa die Hälfte der Steigungsstrecke geschafft. [15.2.1985]

Umschlagrückseite:
Die Sonne verschwindet gerade hinter den Baumwipfeln, als 50 3673 mit ihrem Nahgüterzug 65364 (Glauchau-Rochlitz) im Bahnhof Penig auf Ausfahrt wartet. [27.10.1986]

Bildnachweis

Jürgen Court: 1, 9, 17, 19, 41, 42, 49, 50, 105, 132, 133, 142, 143
Rolf Ebberg: 3, 8, 10, 11, 22, 27, 30, 37, 38, 39, 45, 46, 47, 54, 57, 58, 61, 65, 67, 68, 80, 81, 87, 91, 94, 95, 99, 106, 117, 118, 121, 124, 125, 129, 130, 137, 141, 144
Jörg Fiedler: 113
Reiner Piel: 20, 48
W. Schimmeyer: 18, 51, 69, 70, 101
Georg Wagner: 85, 86, 88, 89, 93, 100, 111, 112, 145, 146
Michael Waidelich: 4, 6, 7, 12, 13, 14, 21, 23, 24, 26, 28, 29, 31, 32, 33, 36, 43, 53, 55, 60, 62, 64, 66, 75, 82, 96, 97, 98, 102, 104, 108, 109, 110, 115, 119, 120, 123, 127, 128, 131,
Umschlagrückseite
Thomas Waidelich: Titelbild/15, 2, 5, 34, 40, 44, 52, 56, 59, 63, 72, 73, 84, 90, 103, 107, 114, 116, 126, 134, 135, 138, 139
Klaus Wilmsmeyer: 16, 25, 35, 122, 136, 140
wz: 71, 74, 77, 78, 79, 83, 92
swz: 76

Lizenzausgabe für Gondrom Verlag GmbH & Co. KG, Bindlach 1991

Satz: Typo Delvos, Aachen
Lithographie: Offset Repro Team, Krefeld
Druck: ZUMBRINK DRUCK GmbH, Bad Salzuflen
ISBN 3-8112-0866-7

Inhalt

	Bilder
Leipzig	1 - 8
Nossen	9 - 36
Döbeln - Karl-Marx-Stadt	37 - 51
Glauchau / Rochlitz	52 - 73
Erzgebirge	74 - 111
Dresden / Kamenz	112 - 124
Oberlausitz	125 - 146

Vorwort

Der planmäßige Eisenbahnbetrieb mit Dampflokomotiven in der DDR geht unaufhaltsam dem Ende entgegen. Moderne Technik setzt sich durch. Komfortablere Arbeitsplätze und die wirtschaftlichere Unterhaltung eines modernen Maschinenparks sind die ausschlaggebenden Argumente für die nüchternen Überlegungen einer jeden Bahngesellschaft.

So nüchtern die Berechnungen der Eisenbahn-Kaufleute sind (sein müssen), so subjektiv sind die Betrachtungen in diesem Buch. Die Bilder dieses Buches wurden so zusammengestellt, daß für den Betrachter die einzigartige Atmosphäre des Dampfbetriebes spürbar werden kann. Die Fotoautoren haben der Region Sachsen zahllose Besuche gewidmet und dabei Land und Leute kennen und schätzen gelernt.

Die Eisenbahnen in Sachsen strahlen dabei einen besonderen Reiz aus. Das bemerkenswert dichte Streckennetz durchzieht eine abwechslungsreiche Landschaft. Vom Braunkohlengebiet um Leipzig führt uns die Reise durch die reizvollen Täler der Zschopau sowie der Zwickauer und Freiberger Mulde über Karl-Marx-Stadt bis tief in das Erzgebirge.

Von dort aus wenden wir uns nach Osten und führen den Leser über die Kunst- und Kultur-Stadt Dresden in die liebliche Landschaft der Oberlausitz.

Der Planbetrieb mit Dampflokomotiven in Sachsen wurde in den letzten Jahren durch den Einsatz der Baureihen 50, 50.35 und 52.80 geprägt, während noch bis Ende der siebziger Jahre eine größere Typenvielfalt anzutreffen war.

Dieser Bildband ist dem Lokomotivpersonal gewidmet. Den Männern, die auf dem Führerstand nicht nur eine hohe Verantwortung tragen, sondern zusätzlich eine oft schwere körperliche Arbeit leisten.

Vielleicht vermag dieses Buch den einen oder anderen Leser zu eigenen Streifzügen durch Sachsen anzuregen.

Leipzig

1 Der Leipziger Hauptbahnhof gilt als größter Hallenbahnhof Europas und steht heute unter Denkmalschutz. Besonders beeindruckend sind die Bahnsteighalle und die Architektur des mächtigen Empfangsgebäudes, das 1915 fertiggestellt und nach 1945 originalgetreu wieder aufgebaut wurde.
01 0524 ist soeben mit dem D 504 aus Saalfeld in der riesigen Halle eingetroffen. Nur einen Bahnsteig weiter steht 01 0521 mit E 802. [12.4.1979]

2 Die Zeit der Saalfelder Schnellzuglokomotiven BR 01 und 01.5 ist inzwischen vorbei. Der Hauptbahnhof von Leipzig wird nur noch zu besonderen Anlässen mit Dampflokomotiven bedient. Am 12. Mai 1985 wurden mehrere Dampf-Sonderzüge als Sternfahrt nach Nossen geführt. Von Leipzig aus kam die Museumslok 38 1182 zum Einsatz. Die Ausfahrt der P 8 geriet zum Spektakel...

3 Eine der bekanntesten Fotostellen in Leipzig ist das alte Bw Plagwitz. Hier werden schon seit einigen Jahren keine Triebfahrzeuge mehr unterhalten. Am 24. September 1983 war die Traditionslok 03 1010 mit einem Sonderzug nach Zeitz unterwegs.

4 Der planmäßige Dampfbetrieb im Raum Leipzig beschränkt sich heute auf einen kleinen Teil des Güterverkehrs. Das Bw Engelsdorf setzte noch bis 1986 zwei Lokomotiven der BR 52.80 ein. Unter anderem wird auch die Strecke nach Trebsen bedient. Am 16. Mai 1985 verläßt 52 8119 den Bahnhof Beucha mit ihrem Gag 57560 in Richtung Engelsdorf.

5

Dampflok-Atmosphäre im Bahnhof Trebsen. 52 8186 glänzt in der Morgensonne des 14. Mai 1985. Bald wird sie sich mit dem N 65624 auf den Weg nach Leipzig begeben.

6

Der Meister am Regler... Mit Volldampf fährt 52 8119 aus Beucha aus. [16.5.1985]

7 Eine interessante Leistung des Bw Leipzig-Engelsdorf ist der aus Silowagen gebildete Ganzzug 58326, der zwischen Großbothen und Engelsdorf mit Dampf bespannt wird. Bei Bedarf verkehrt dieser Zug montags, mittwochs, donnerstags und samstags. Wegen der äußeren Form der Wagen wird der Gag 58326 in einschlägigen Kreisen auch als "Zwiebelzug" bezeichnet. Am 11. Juni 1983 verläßt 52 8092 mit eben diesem Zwiebelzug Großbothen. Im Vordergrund sorgt die örtliche LPG für eine würzige Duftnote.

8 Die Strecke Eilenburg - Wurzen wird seit 1977 nur noch im Güterverkehr bedient, der Personenverkehr ist eingestellt. Am 8. Mai 1982 hatte 52 8105 einen Ganzzug aus Schotterwagen zu schleppen.

Nossen

Die kleine Stadt Nossen ist Eisenbahn-Knoten. Hier verzweigen sich die Schienenwege nach Riesa, Meißen, Freiberg und Döbeln. Auf die Strecke nach Freiberg gelangen heute nur noch selten einige Bedarfsgüterzüge. Das Bw Nossen setzt seit dem Winterfahrplan 1985/86 nur noch zwei Dampflokomotiven ein, die aber auf allen genannten Strecken anzutreffen sind. Viele Leistungen sind auf Diesellok übergegangen. Die Einsätze der Altbau-50 und die Verwendung der 35 1113 im Plandienst sind Vergangenheit.

Wer das Bahnhofsgelände verläßt, befindet sich bald in einem geschlossenen Ortskern mit dörflichem Charakter. Sehenswert sind das Schloß mit seinen Gotik- und Renaissance-Gebäuden sowie die Ruine des ehemaligen Zisterzienserklosters im Ortsteil Altzella.

9 50 3551 hatte am 19. Juni 1982 keine Mühe, den N 61348 nach Döbeln bei der Ausfahrt aus Nossen zu beschleunigen.

Stw 1
H
35 1113-6

Am Abend des 25. September 1983 verläßt 35 1113 ihren Heimatbahnhof. Der Sonderzug einer Reisegesellschaft muß noch nach Leipzig gebracht werden.

10

11 Nossen ist seit vielen Jahren Anziehungspunkt für Eisenbahnfreunde aus aller Welt. Aus einer kleinen Schrebergartenkolonie bietet sich ein prächtiger Blick auf die westliche Bahnhofsausfahrt mit der Straßenbrücke, die ähnlich wie in Saalfeld ein beliebter Fotostandpunkt ist. Den Mittagsgüterzug nach Döbeln hatte am 13. Mai 1985 die 50 3540 zu befördern.

12 Die Strecke Nossen - Meißen bietet eine besondere Vielfalt an landschaftlichen Reizen. Wer Gelegenheit hat, diese Region zu besuchen, sollte sich neben der Eisenbahn unbedingt auch die Stadt Meißen ansehen.
Bereits kurz hinter Meißen steigt die Strecke aus dem Elbtal heraus kräftig an. Am 12. Juni 1983 hat 35 1113 einen Sonderzug, gebildet aus den Zwickauer Traditionswagen, am Haken. Der Zug passiert gerade die Blockstelle Götterfelsen.

13

An der gleichen Stelle entstand am 17. Februar 1985 bei bestem Fotowetter, aber klirrender Kälte die Aufnahme von 50 3551 mit dem N 61348 (Meißen - Nossen).

14 Zwei Tage zuvor war 50 3540 mit dem N 61348 beschäftigt. Kurz vor dem Block Rothschönberg arbeitet sich die Maschine ebenso geräuschvoll wie mühsam die Steigung empor. [15.2.1985]

Wenige Augenblicke später passiert der Zug die Blockstelle Rothschönberg, die nur noch an Werktagen besetzt ist. Am Wochenende stehen die Signale in beiden Richtungen auf freie Fahrt (Hp 1). [15.2.1985] 15

Rothschönberg-Bk.
50 3540-7

50 3540-7

16 Der Zufall wollte es, daß 50 3540 auch am 29. Dezember 1984 im Plan nach Meißen eingeteilt war. Auf der Rückfahrt nach Nossen entstand die Aufnahme im Bahnhof Miltitz-Roitzschen.

Der P 4725 (Nossen - Meißen) wird heute nicht mehr mit Dampflokomotiven bespannt, und der Bahnübergang kurz hinter Nossen ist längst automatisiert. Die Szene vom 20. Februar 1982 mit 50 3536 ist daher nicht wiederholbar.

17

50 3551-4

18

In Deutschenbora hat die Mannschaft der 50 3551 die Strapaze der anstrengenden Bergfahrt überstanden. Bis Nossen "rollert" es jetzt gemütlich bergab. [11.9.1983]

19

Von Nossen aus führt in nördliche Richtung die Strecke nach Riesa. Vor der Kulisse des Nossener Schlosses sehen wir 50 3539, die ihre Reise nach Riesa eben begonnen hat. [19.6.1982]

20 Die Altbau-Lok 50 1002 mit ihren klassischen Wagner-Windleitblechen war neben 35 1113 lange die "Starlok" beim Bw Nossen. Die beiden Aufnahmen auf dieser Doppelseite entstanden unweit von Nossen, bei Zella. Am 28. Oktober 1980 war die Maschine mit N 62311 unterwegs.

Im Bild rechts überquert 50 1002 die Freiberger Mulde mit P 15768 in Richtung Riesa. [3.9.1980]

22
Die wichtigste Station zwischen Nossen und Riesa ist Lommatzsch. Am 17. Juni 1982 unterbricht 50 3657 ihre Fahrt mit P 15771 für den Fahrgastwechsel.

23
Von der hoch über den Dächern des beschaulichen Ortes Leuben stehenden Dorfkirche bietet sich ein guter Blick auf die Bahn. Nur kurz wird die Ruhe auf dem Kirchhof von der 50.35 aus Nossen unterbrochen. [12.9.1985]

Hier ruht in Frieden
unsere liebe Mutter
Emilie Merk
+ 25. 2. 1894
+ 17. 9. 1971
Hier ruht in Frieden
Max Eichhorn
Wauden
Anna Eichhorn
Martha Schneider
aus Schleinitz
Ruhestätte
Familie Wolf
Leuben
Zum Gedächtnis
an unseren lieben Sohn
und Bruder
Gerhard Wolf
In Gottes Frieden
Josef Gerner
Hier ruht in Frieden
unsere liebe Mutter
und Oma
Herta Guse
aus Wauden
In Gottes Frieden
Hier ruhen in Frieden
unsere lieben Eltern
Lina Tesch
Auguste Marie Börner
geb. Reinhardt
aus Perba
Martha Krause
Hella Dreßler
Josef Gärtner
Anton Felgenhauer
Klara Fischer
Emma Opitz
Mela Brose

24 Von Riesa aus erfolgte eine gemeinsame Leistung der Bw Nossen und Elsterwerda. Dieser besondere Leckerbissen war der Zug P 3946, der bis Gröditz mit zwei Maschinen verkehrte. Beim Aufenthalt im Bahnhof Gröditz wurde der Zug getrennt. Der vordere Zugteil fuhr weiter bis Elsterwerda, während die 50.35 des Bw Nossen nach Riesa zurückkehrte. Das Bild zeigt 52 8009 und am Zugschluß 50 3536 bei der Ausfahrt aus Wülknitz. [18.2.1983]

25 Während 35 1113 als Traditionslok des Bw Nossen zeitweise im Plandienst eingesetzt war, bleibt sie heute ausnahmslos für Sonderleistungen reserviert. Am 10. Mai 1983 beförderte sie P 15771 nach Nossen.

26

50 1002 glänzt in den warmen Farben der Abendsonne, aufgenommen bei Pinnewitz auf der Fahrt von Riesa nach Nossen. [5.10.1984]

27

Auf der Strecke Nossen - Döbeln begegnet uns 50 3529 mit dem N 61345. Von Gleisberg aus bietet sich dieser Blick auf das Tal der Freiberger Mulde. [12.5.1983]

Am 11. Mai 1985 war die Feldarbeit bei Roßwein in vollem Gang. Der Bauer beschwerte sich bitter über den störenden Besuch der Fotografen, die den N 61345 erwarteten.

28

Der Nachmittags-Güterzug von Nossen nach Döbeln (N 61348) verläßt nach umfangreichen Rangierarbeiten den Bahnhof Roßwein. Beachtenswert ist die filigrane Signalbrücke. [25.9.1983]

29

50 3539-9
ROSSWEIN
H
Roßwein

30 An der bei Eisenbahnfreunden wohlbekannten Kirche von Niederstriegis poltert 50 3529 vorüber. In wenigen Sekunden wird sie mit N 61345 die Freiberger Mulde überqueren. [12.5.1983]

31 Der Bahnhof Döbeln Ost liegt in einem engen Einschnitt zwischen alten Stadthäusern und der Landstraße. Kurz vor ihrem Zielbahnhof Döbeln Hbf begegnet uns 50 3540 mit N 61348. [10.5.1985]

DÖBELN HBF
50 3540-7
RETI
14
106 981-4

32 In Döbeln Hbf treffen wir auf die Hauptstrecke Karl-Marx-Stadt - Riesa (-Berlin). Das Empfangsgebäude liegt als Inselbahnhof zwischen den beiden Strecken. Inzwischen ist das Gebäude vorbildlich restauriert worden. 50 3540 wartet am 3. September 1982 mit P 7774 nach Leisnig auf Ausfahrt.

33

Fast drei Jahre später stellt die gleiche Lok den Zug P 7768 nach Großbothen bereit.

Anläßlich der Jubiläums-Feierlichkeiten im Mai 1985 in Nossen sind 38 205 und 38 1182 mit einem Sonderzug unterwegs. Das Bild entstand in der Nähe von Leisnig. [11.5.1985]

Herrlich im Licht liegt der N 62323 (Großbothen - Döbeln), der Großbothen gegen 7.15 Uhr verläßt. In der Nähe des kleinen Haltepunktes Klosterbuch dampft 50 3536 durch den klaren Maimorgen. [16.5.1986]

36 Auf einer langen schmalen Felszunge liegt nahe an der Altstadt von Leisnig die im 11. Jahrhundert erbaute Burg Mildenstein. Zwischen Burg und Mulde rollt eine 50.35 des Bw Nossen mit dem P 7768 nach Großbothen. [22.9.1983]

Döbeln - Karl-Marx-Stadt

37 Aus dem Tal der Freiberger Mulde begeben wir uns jetzt in das Tal der Zschopau, deren Verlauf die Strecke Döbeln - Karl-Marx-Stadt bis Waldheim folgt. Bei der Einfahrt in den kleinen Bahnhof Limmritz hat 50 3690 von Bw Karl-Marx-Stadt - Hilbersdorf (Est Döbeln) bereits einen Teil der Steigungsstrecke hinter sich. [12.5.1983]

38 Die schwierige Trassierung der Strecke Döbeln - Karl-Marx-Stadt erforderte zahlreiche Kunstbauten. Im Bild links überquert 50 3654 mit N 62335 nach Karl-Marx-Stadt den großen Viadukt über die gestaute Zschopau bei Limmritz. [16.5.1985]

Kurz vor der Einfahrt in den Bahnhof Waldheim rollt ein Sonderzug mit 58 3049 und 35 1113 über den Viadukt Diedenmühle. Mit ca. 60 Metern Höhe ist er die höchste Brücke der Strecke.

39

40

Kurz hinter dem Bahnhof Schweikershain berührt die Strecke den kleinen Ort Crossen. Die Altbau-Lok 50 2652 wird gleich den Bahnhof Mittweida erreichen und vor der Weiterfahrt nach Karl-Marx-Stadt ausgedehnte Rangierdienste absolvieren. [5.5.1982]

Rechte Seite: Unmittelbar nach der Bahnhofsausfahrt Waldheim führt die Strecke durch einen kurzen Tunnel. 50 3644 verläßt diese Tunnelröhre am 30. September 1983 mit dem N 62335. 41

Rechte Seite außen: Am Einfahrtsignal von Oberlichtenau muß 50 2407 immer noch kräftig Dampf machen. 42

50 2407-0

43 Am Haltepunkt Ottendorf unterquert 50 3670 am 19. Mai 1985 eine alte Straßenbrücke.

44 Der Bahnhof Oberlichtenau hat sich in den letzten Jahren stark verändert. Die alten Formsignale sind durch moderne Lichtsignale ersetzt, und ein zusätzliches Durchfahrtsgleis ist hinzugekommen. Am 5. Mai 1982 war die Welt noch in Ordnung: Altbau-50, Formsignale, hölzerne Überführung und das Stellwerk strahlen noch die ursprüngliche Eisenbahn-Atmosphäre aus.

45

Die Maschinen des Bw KMS-Hilbersdorf kamen auch auf der Strecke nach Berbersdorf (-Roßwein) zum Einsatz. In Berbersdorf wurde als wichtigster Bahnkunde das Kieswerk bedient. 50 3689 hat einige der schweren Kieswagen im Schlepp. Die Ausfahrten aus dem Werk stellten immer wieder ein optisches und akustisches Erlebnis dar.

46

Kurz hinter Berbersdorf befindet sich der kleine Ort Schlegel. Der abendliche N 75343 passiert um ca. 19 Uhr die Ortschaft. 50 3689 raucht mit dem Schornstein des Gehöftes um die Wette (... und ist unterlegen).

47 Wenige hundert Meter weiter unterquert die Strecke die Autobahn Dresden - Karl-Marx-Stadt. Am 4. Mai 1982 beförderte 50 3688 den N 64359 über Hainichen nach Karl-Marx-Stadt.

48 Zwischen Hainichen und Frankenberg liegt der Haltepunkt Dittersdorf. Kurz nach der Rückkehr aus dem Ausbesserungswerk Meiningen präsentiert sich hier 50 2652 in hervorragendem Zustand. [1.11.1980]

49 Bei Braunsdorf werden die feuchten Uferwiesen der Zschopau auf einem langgestreckten, niedrigen Steinbogen-Viadukt überbrückt. 50 3603 bringt am 20. Februar 1982 mit dem N 64359 eine ganze Ladung fabrikneuer Barkas-Lieferwagen nach Karl-Marx-Stadt.

50 In Niederwiesa führt die Strecke über einen weiteren Viadukt, vorbei an beschaulichen Lauben-Kolonien. Am 20. Februar 1982 hatte der Fotograf besonderes Glück: Der "Standardzug" war an diesem Tag mit der Altbau-50 2407 bespannt.

51

Die Strecke Karl-Marx-Stadt - Limbach-Oberfrohna bietet für den Fotografen keine außergewöhnlichen Motive. Allein der mächtige Viadukt über die Autobahn nach Dresden erscheint lohnend. Am 6. April 1985 war 50 2740 mit N 64383 nach Limbach beschäftigt.

Glauchau / Rochlitz

52

Die Karl-Marx-Städter Lokomotiven kamen bis Mai 1985 auch auf der Strecke nach Rochlitz zum Einsatz. Bei Mohsdorf begegnet uns 50 3670 mit P 17764 nach Rochlitz.

50 3670-2

50 3628 hat soeben mit dem P 17764 die ersten Häuser von Auerswalde-Köthensdorf erreicht. [1.6.1984]

53

Hauptbeförderungsgut im Tal der Zwickauer Mulde ist Sand, der bei Colditz gewonnen wird. Mit einem dieser Sandzüge war 50 3523 am 25. September 1983 unterwegs. Die Aufnahme entstand noch in Colditz. Die Reise durch das Muldental hat gerade erst begonnen. 54

50 3523-3
48
7

55

Am 28. April 1984 war ein Reisebüro-Sonderzug im Muldental unterwegs. 50 849 eilt durch den Bahnhof Colditz.

56

Rochlitz ist Außenstelle des Bw Glauchau. Von hier aus wird eine Lok der Baureihe 50.35 (50.10) auf der Strecke Colditz - Rochlitz - Glauchau eingesetzt. Eine zweite Lok der gleichen Baureihe wird direkt vom Bw Glauchau gestellt.

Während der Mittagsruhe steht 50 3697 mit leise säuselnden Ventilen im Bw Rochlitz. [18.6.1982]

50 3697-5

57 Die Stadt Rochlitz besitzt einen weitgehend erhaltenen mittelalterlichen Ortskern. Der Standort dieser beiden Aufnahmen ist der Bereich um Schloß und Petrikirche. Von den ersten Befestigungen aus dem 10. Jahrhundert an der Stelle des späteren Schlosses soll die Ansiedlung des Ortes ausgegangen sein. - Was einem alles in den Sinn kommt, wenn man auf den Zug wartet....
58 Die Personale der Lokomotiven hatten für solche Grübeleien sicher keine Zeit; galt es doch tüchtig Dampf zu kochen, um mit dem schweren Sandzug "über die Runden" zu kommen....
Im Bild links blicken wir vom Schloß auf den westlichen Teil der Stadt. Im Hintergrund sind die Türme von Rathaus und Kunigundenkirche zu erkennen. Die Aufnahme auf dieser Seite zeigt die gleiche Szene aus entgegengesetzter Richtung mit Schloß und Petrikirche.

59

Ein akustisches Erlebnis besonderer Art war der abendliche Sandzug von Rochlitz nach Karl-Marx-Stadt. Die kräftige Steigung zwischen Rochlitz und Narsdorf verlangte Maschine und Personal das letzte ab. Bei Stollsdorf hat 50 3670 die Hälfte der Rampe überwunden. [13.5.1985]

Rechte Seite: Im September 1983 mußte die Muldental-Strecke wegen Bauarbeiten zeitweise gesperrt werden. Die schweren Sandzüge wurden über die steigungsreiche Strecke Narsdorf - Penig umgeleitet. Mit solch einem Umleiterzug quält sich 50 3523 unglaublich langsam die Steigung nach Narsdorf hinauf. 60

Rechte Seite außen: Bei der normalen Tour durch das Muldental haben die Maschinen nicht ganz solche Mühe. 50 3576 bei der Einfahrt Wechselburg. [5.10.1984] 61

50 3523-3
STOP

50 3576-1
24

62 Kurz hinter Rochlitz führt die Strecke in weitem Bogen um die Ortschaft Steudten. Lange bevor das erste Foto "fällig" ist, kann man hier den Zug beobachten. Im Mai 1985 war bei herrlicher Baumblüte 50 3576 für den Nachmittags-Sandzug eingeteilt.

63 Das verträumte Örtchen Thierbach bildet die Kulisse für den bunt gemischten Nahgüterzug N 64364 von Glauchau. [15.4.1986]

64

Um 19.42 Uhr, bei letztem Abendlicht, überquert 50 3628 vom Bw KMS-Hilbersdorf auf dem mächtigen Göhrener Viadukt das Muldental. Hierbei handelt es sich um die Rückleistung zum Personenzug auf den Fotos 53/54. [1.6.1986]

Rechte Seite: In Rochsburg begegnet uns ein weiterer typischer Sandzug auf der Fahrt durch das Tal der Zwickauer Mulde. 50 3672 räuchert kräftig. [4.10.1984] 65

Rechte Seite außen: 50 3672 unterhalb Schloß Wolkenburg. [5.10.1984] 66

503672-8

67

Zwischen Wolkenburg und Thierbach führt die Strecke unmittelbar am Flußufer entlang. Der nachmittägliche N 64364 ist die einzige Güterzugleistung, die als gemischter Güterzug durch das Muldental geführt wird. [16.5.1985]

68

Noch bis Frühjahr 1981 gehörten die Glauchauer 58.30 zum vertrauten Bild des DR-Maschinenparks. Bei Meerane entstand am 25. Mai 1979 die Aufnahme der 58 3006 mit einem Güterzug nach Glauchau.

69 Auch die Strecke Glauchau - St. Egidien - Oelsnitz gehörte zum Einsatzgebiet der 58.30. Beinahe "Standard"-Fotopunkt ist seit jeher das Bahnwärterhaus kurz hinter der Ausfahrt St. Egidien. [16.8.1980]

70 58 3017 auf der kleinen Steinbogenbrücke in der Ortschaft Rödlitz-Hohndorf. [16.8.1980]

71

Am 26. Dezember 1979 gehörte schon Enthusiasmus dazu, am Einfahrtsignal von Lichtenstein auszuharren; der Rauhreif verrät unangenehme Temperaturen. Die fahle Wintersonne taucht die Szenerie in pastellfarbenes Licht.

72

Das Bild von der Ausfahrt Lichtenstein entstand fünf Jahre später. Die Zeit der 58.30 ist lange vorbei, ja zwischendurch war das Bw Glauchau sogar vollständig "verdieselt". Energiewirtschaftliche Gesichtspunkte (so der ADN-Wortlaut) ließen dann ab Dezember 1983 erneut Dampflokomotiven beim Bw Glauchau aktiv werden. Am 17. Februar 1985 war der N 65323 besonders gut ausgelastet.

50 3697-5

73 Im Mai 1985 war 50 2146 für kurze Zeit beim Bw Glauchau im Einsatz. Am 13. Mai 1985 war für den Fotografen nicht vorherzusehen, daß dies ihr letzter Betriebstag werden sollte. Aufgrund eines an diesem Tag erlittenen Schadens wurde die Lok abgestellt. Die Aufnahme entstand bei Oelsnitz.

Erzgebirge

74 Bis zum Ende des Winterfahrplanes 1983/84 waren die 50er des Bw Zwikkau nicht nur auf der Strecke nach Aue, sondern auch zwischen Zwickau und Falkenstein anzutreffen. Die berüchtigte Steigung machte bis zum Bahnhof Voigtsgrün planmäßige Doppelbespannung mit einer Lok der Baureihe 110 notwendig. Im verschneiten Ebersbrunn begegnen wir am 12. Februar 1983 einer derartigen Fuhre.

In Rodewisch ist die Vorspannlok bereits abgekuppelt. Der steilste Streckenabschnitt ist überwunden. Am 23. September 1983 hatte 50 3145 Dienst vor dem N 66333 nach Falkenstein.

75

76

Im Juni 1983 war die Strecke nach Falkenstein wegen Brückenbauarbeiten bei Rodewisch von einer Streckensperrung betroffen. Der Güterverkehr Zwickau - Falkenstein wurde über Reichenbach umgeleitet. Wer davon wußte, hatte die Gelegenheit, planmäßige Dampfzüge auf dem berühmten Göltzschtal-Viadukt zu sehen.

77 78

Die Strecke Zwickau - Aue - Schwarzenberg gehörte zum letzten Einsatzgebiet der Baureihe 58.10. Nach deren Ausscheiden im Jahre 1976 schien es (zunächst) vorbei mit der Dampferei. Die hohen Rohölpreise machten ab 1982 erneut den Einsatz von Dampflokomotiven notwendig. Zwei Aufnahmen aus Wilkau-Haßlau ermöglichen einen schönen Vergleich zwischen damals und heute.

Rechts rollt 58 1800 mit einem Güterzug nach Zwickau. [August 1976]

Im Bild links sehen wir 50 3670 in Fahrtrichtung Aue. [April 1984]

Wilkau-Haßla
58 1800-0

79

Von der Autobahn Zwickau - Plauen bietet sich ein prächtiger Ausblick auf Wilkau-Haßlau. Leider war der Fotostandort nur kurze Zeit, während einer Sperrung der Fahrstreifen, zugänglich. Eine unbekannt gebliebene 50er hat einen Güterzug nach Aue im Schlepp.

80

Kurz hinter Wilkau-Haßlau windet sich 50 3647 am 7. Oktober 1984 mit Dg 54313 durch die Kurven.

50 3647-0

50 1849-4
27
2

81 Im September und Oktober 1984 bestand beim Bw Zwickau akuter Lokmangel. Aus diesem Grunde mußte man auf die betriebsfähige Traditionslok 50 1849 zurückgreifen. Die markante Signalbrücke des Bahnhofs Wiesenburg bildet den klassischen Rahmen für die gepflegte Maschine. Das wertvolle Lokschild aus Messingguß war leider von dem besorgten Personal durch eine Kreideanschrift ersetzt worden.

82

Wenig später durchzieht die Strecke die weitläufige Erzgebirgs-Landschaft bei Weißbach. Das Bild von der großohrigen 50 1849 weckt Erinnerungen an die Reichsbahnzeit der dreißiger Jahre. [7.10.1984]

50 2146-4

83

Bedingt durch Bauarbeiten mußten am 24. März 1984 einige Züge als Falschfahrten geführt werden. Die Konstruktion der Stahlträger-Brücke bei Schlema ließ sich so wirkungsvoller ins Bild setzen.

84

Der Erzbergbau um Aue ist weithin bekannt. Bei Schlema fährt 50 3534 unmittelbar an einem der Schächte vorüber. Die blasenden Sicherheitsventile verraten spitzen Kesseldruck. [20.6.1982]

85 Später Nachmittag im Bahnhof Aue: 86 1126 wartet mit P 17622 auf Ausfahrt nach Blauenthal. Im Hintergrund steht eine weitere 86er mit P 9635 nach Schwarzenberg. [23.8.1976]

86 58 1111 fährt am 20. August 1976 mit einem Personenzug aus Johanngeorgenstadt in den Bahnhof Aue ein. Unter ihrer alten Betriebsnummer 58 311 wird die Maschine heute von den Ulmer Eisenbahnfreunden betreut.

87 Der Ort Lauter (Sachsen) liegt auf halber Strecke zwischen Aue und Schwarzenberg. Die kleine Fabrik im Baustil der dreißiger Jahre gibt dem Motiv den passenden Rahmen: 50 1849 schleppt Dg 54307 Richtung Schwarzenberg. [7.10.1984]

88

Acht Jahre zuvor ist bei Lauter das Bild von 58.1814 entstanden.

89 Probleme wie der Trabantfahrer kennt der Lokführer der 58 1800 bei Antonsthal nicht. Während der Trabi mühsam versucht, einen LKW zu überholen, kann die G 12 ungehindert ihren Weg nach Johanngeorgenstadt fortsetzen. [23.8.1976]

90

Johanngeorgenstadt liegt unmittelbar an der Grenze zur Tschechoslowakei. Am 16. Februar 1985 endete hier ein Sonderzug aus Zwickau mit 50 849. Gelungener Höhepunkt waren drei prächtige Scheinausfahrten.

91

Noch im Stadtgebiet von Aue ist diese Aufnahme von der Ausfahrt des Personenzuges nach Blauenthal entstanden. 50 3647 mit P 17624 am 23. September 1983 vor der markanten Stadtkirche.

92

Einer der bekanntesten Fotopunkte ist die Stahlträgerbrükke in Markersbach an der Strecke Aue - Annaberg-Buchholz. Im August 1976 gehörten die 86er des Bw Aue noch zum Alltagsbild im Erzgebirge. 86 1331 mit Personenzug nach Annaberg.

93 Auch im Güterverkehr waren die bewährten 86er noch bis zum Jahreswechsel 1976/77 im Einsatz. Gerade bei diesen Leistungen stellten die kleinen bulligen Maschinen oft ihre Leistungsfähigkeit unter Beweis. Im Bahnhof Schlettau wartet 86 1775 mit einem Güterzug nach Annaberg auf Ausfahrt.

94 Wer hätte das gedacht! - Die Reichsbahn hält manche Überraschung bereit: Seit Sommer 1982 setzte das Bw Aue, Est Annaberg, wieder eine 86er auf der Strecke Schlettau - Crottendorf ein. Das Foto von 86 1001 entstand am 23.9.1983 bei Walthersdorf.

86 1001-6

95

Nebenbahn-Romantik in Crottendorf. Noch heute wird der Gesamtverkehr auf dieser Strecke mit 86 1001 oder 86 1501 abgewickelt. [23.9.1983]

96

Wir befinden uns nun an der Strecke Karl-Marx-Stadt - Aue. Bei Kemtau arbeitet sich 50 3670 die langgestreckte Steigung empor. [27.4.1984]

97 Der N 64354 nach Aue, hier aufgenommen bei Dittersdorf, gehörte 1986 zu den letzten verbliebenen Dampfleistungen des Bw Karl-Marx-Stadt. [27.4.1984]

98 Stilleben im Bahnhof Dorfchemnitz. Am 1. September 1982 war der N 69354 nur schwach ausgelastet.

100

99

An einem kühlen Oktobermorgen bleibt die Dampffahne der 50 3600 noch lange im Tal der Zwönitz stehen. [8.10.1984]

Aus ungewöhnlicher Perspektive ist am 18. September 1975 das Foto von 58 1522 mit einem Güterzug nach Karl-Marx-Stadt entstanden. Längere Güterzüge mußten von Aue aus bis Zwönitz durch 86 oder 58.10 nachgeschoben werden.

101

Bei der Rückkehr von einer Sonderfahrt nehmen 86 1333 und 86 1001 einen planmäßigen Personenzug nach Annaberg mit. Die seltene Fuhre steht im Bahnhof Zschopau. Die Stadt ist bekannt durch das bedeutende Motorradwerk. Im Hintergrund ist Schloß Wildeck zu erkennen. [12.6.1983]

Von einem hochgelegenen Aussichtspunkt bietet sich ein herrlicher Bick auf den Bahnhof Wolkenstein. Direkt am Ufer der Zschopau sind die Anlagen der inzwischen teilweise stillgelegten Schmalspurbahn nach Jöhstadt zu sehen. Eine 50er des Bw Karl-Marx-Stadt hat soeben einige Wagen für das Kühlanlagenwerk in Niederschmiedeberg bereitgestellt. Kurze Zeit später werden diese auf der Schmalspurbahn per Rollwagen weiterbefördert. [9.10.1984] 102

103 Von der gleichen Stelle aus entstand im April 1986 die Aufnahme des abendlichen Güterzuges nach Annaberg bei der Einfahrt in den Bahnhof Wolkenstein.

104 Direkt über dem Bahnhof Scharfenstein erhebt sich die gleichnamige Burg. 50 3670 ist am 3. Juni 1984 besonders pünktlich. Um 18.34 Uhr "macht sie durch", wie die Sachsen dazu sagen würden...

105 Bis Anfang 1986 befuhren die 50er des Bw Karl-Marx-Stadt auch die Flöhatal-Strecke nach Pockau-Lengefeld. Von einem außergewöhnlichen Standpunkt aus sehen wir den zügig durchfahrenden N 64325 im Bahnhof Hetzdorf. Das Personal der 50 3633 versucht für den stetig steigenden Streckenabschnitt etwas "Anlauf" zu nehmen.

106

Vorbei an der typischen Gründerzeit-Fassade des VEB Baumwollspinnerei Flöha, Werk Hohenfichte, zieht 50 3690 ihren N 64325 nach Pockau. [19.5.1985]

VEB Baumwollspinnerei Flöha
Werk Hohenfichte

Durch weithin dünn besiedeltes Gebiet führt die Strecke nahe Rauenstein. Die Ruhe wird nur kurz gestört durch den bergauf fahrenden Zug und den LPG-Traktor. [14.6.1982]

107

108 Bei der Fahrt durch den Bahnhof Leubsdorf legt der Heizer der 50 3690 noch einmal kräftig auf, während der Lokführer sich lässig aus dem Fenster lehnt. Auf dem Mittelbahnsteig befinden sich die bei Fotografen so beliebten "Pilzkopf"-Laternen der Reichsbahn. [17.5.1985]

Nur mit viel Glück konnte man die 86 049 des Bw Pockau im Streckendienst nach Marienberg erleben. Die Lok wurde fast ausschließlich als Heizlok verwendet. Die seltenen Streckeneinsätze dienten zur Prüfung und zur Erhaltung der Betriebsfähigkeit.

Oben: Ausfahrt aus Pockau.
Rechts: Bei Marienberg. [9.10.1984]

109 110

111 Bei Hetzdorf überquert die Hauptstrecke Karl-Marx-Stadt - Dresden das Tal der Flöha auf einem 326 m langen und 43 m hohen Viadukt. Das 1866 bis 1868 errichtete Bauwerk steht heute unter Denkmalschutz. Am 15. Mai 1978 war 01 204 mit einem kurzen Sonderzug nach Dresden unterwegs. Wir wollen uns mit diesem Bild aus dem Erzgebirge verabschieden und die Fotoreise in östliche Richtung fortsetzen.

Dresden / Kamenz

112

Dresden Hbf: Die eindrucksvolle Hallenkonstruktion besteht aus einem Mitteltrakt mit den tiefgelegenen Kopfgleisen und den beiden Seitenflügeln mit den höher liegenden Durchgangsgleisen. 03 2214 verläßt am 22. August 1976 mit einem Zug nach Görlitz den Kopfbahnhof.

113

Berühmtes Motiv im Dresdner Stadtgebiet ist die zwischen Dresden Hbf und Dresden-Neustadt gelegene Marienbrücke. Das im Hintergrund sichtbare Tabakkontor gehört zu den wenigen innerstädtischen Industriebauten, die das Inferno des Krieges überstanden haben. 52 8169 passiert mit einem Güterzug die Elbbrücke. [18.9.1977]

114

Das Bw Dresden-Altstadt beherbergt heute einen Teil der betriebsfähigen Traditionslokomotiven. Unser Foto zeigt die 01 137 und 03 001 nach dem Einsatz vor den Sonderzügen zum "Tag des Eisenbahners". [19.6.1982]

115

Eine Woche vor Fahrplanwechsel, am 17. September 1977, verkehrte wegen des bevorstehenden Endes des Planeinsatzes der 01 des Bw Dresden-Altstadt ein Sonderzug von Berlin nach Radebeul. Ziel war die große Fahrzeug-Ausstellung zum 25-jährigen Bestehen des Verkehrsmuseums Dresden. Die Aufnahme von 01 2204 und 01 1512 entstand bei Weinböhla.

116 Zum Plan der Kamenzer 52er gehörte lange Jahre auch die Beförderung von Personenzügen zwischen Straßgräbchen-Bernsdorf und Dresden. 52 8036 bei der Ausfahrt aus Königsbrück mit P 4856. [16.5.1985]

117 Frühmorgens um 7.22 Uhr legt sich eine 52er von Bw Kamenz mit P 4859 bei Weißbach in die Kurve. [14.5.1985]

118 Ein Sonderzug aus Senftenberg, geführt von 95 1027 und 52 3548 verläßt am 6. Oktober 1984 den Bahnhof Hohenbocka. Im Hintergrund warten zwei 52.80er auf die Freigabe der Strecke.

119 Am späten Nachmittag kam es im Bahnhof Wiednitz zur planmäßigen Kreuzung zwischen Lgo 59245 und Dg 53258. Das Personal der 52 8192 wartet ungeduldig auf das Eintreffen des Gegenzuges, damit endlich die anstrengende Schicht beendet werden kann. [19.9.1983]

120 Die Altbau-52 6721 verläßt Straßgräbchen-Bernsdorf in Richtung Kamenz. [10.10.1981]

121 Das Bw Kamenz setzte noch bis zum Beginn des Sommerfahrplans 1985 planmäßig bis zu fünf Dampflok der Baureihe 52.80 ein. Inzwischen ist die Dampf-Traktion ganz eingestellt. So ist auch die fotogene Leistung vor dem Dg 50272 (Kamenz - Arnsdorf) verdieselt. Wegen seiner Länge mußte dieser Durchgangsgüterzug fast täglich von einer weiteren 52.80 nachgeschoben werden. Am 14. Mai 1984 war 52 8122 als Zuglok eingeteilt. Schubunterstützung leistete 52 8130. Das Foto entstand am frühen Donnerstagmorgen bei der Ausfahrt aus Kamenz und zeigt im Hintergrund die mächtige Stadtkirche.

122

Wenige Kilometer weiter, bei Gelenau hat der morgendliche Dg 50272 bereits deutlich seine Geschwindigkeit erhöhen können. Die weite Hügellandschaft ist typisch, auch für den weiteren Weg des Zuges. [1.6.1984]

52 8130-8
10

123
Eine weitere Leistung auf der Strecke Kamenz - Arnsdorf war der Dg 50285, der Kamenz gegen 13 Uhr verließ. Die Aufnahme entstand bei Friedersdorf-Siedlung. [10.10.1981]

124
Am Haltepunkt Kleinröhrsdorf scheint die Zeit stehengeblieben. 52 8090 poltert mit Dg 50272 bergab. In wenigen Minuten wird der Zug in Arnsdorf eintreffen. [25.4.1984]

Oberlausitz

125 Die Hauptstrecke Dresden - Bischofswerda - Bautzen - Löbau - Görlitz ist nicht reich an attraktiven Fotomotiven. Vor allem der Abschnitt Bischofswerda - Bautzen hat wenig zu bieten, wäre da nicht der kleine Ort Demitz-Thumitz, der von der Bahnlinie auf einem eindrucksvollen Viadukt überquert wird. Die hoch aufragenden Halden eines Steinbruchs sind (unter der
126 Last der Foto-Ausrüstung) zwar nicht ungefährlich zu besteigen, bieten aber einen hervorragenden Blick auf Bahnstrecke und Ortschaft.
Am 3. Oktober 1984 entstand bei letztem abendlichen Fotolicht die Aufnahme von P 7833 mit einer 52.80 des Bw Bautzen (links). Die frühsommerliche Jahreszeit taucht die gleiche Landschaft in eine völlig andere Lichtfarbe. Unten zeigt sich der Viadukt beinahe in seiner vollen Länge (Dg 54207 am 16. Mai 1985).

 Oben: Demitz-Thumitz läßt sich aus den unterschiedlichsten Blickwinkeln geschickt "inszenieren". Eine Maschine der Baureihe 52.80 befährt das Brükkenbauwerk mit Dg 54207 in Richtung Bautzen. [25.4.1984]

128 Am 3. Februar 1981 lagen noch die Reste des letzten Schneegestöbers. Bei recht trübem Wetter räuchert 52.8193 nahe der Ortschaft Drauschkewitz mit P 7833 nach Bautzen.

129 Der langgestreckte Viadukt von Putzkau gehört sicher zu den bekanntesten Fotomotiven in der Oberlausitz. Von Bischofswerda kommend ist 52 8099 mit dem Nahgüterzug (N 65277) nach Zittau unterwegs. [14.5.1985]

130 Die Abendsonne des 25. April 1984 läßt eine 52.80 des Bw Zittau aufglänzen. Auf der Rückfahrt nach Bischofswerda poltert die Maschine mit den zweiachsigen Kesselwagen über den Putzkauer Viadukt.

131

Zur Mittagszeit um 13.47 Uhr hat 52 8005 die Ortschaft Schirgiswalde erreicht und passiert mit dem N 65277 die reich ausgestattete, barocke Pfarrkirche. [26.4.1984]

132 Rechte Seite: 52 8083 verläßt mit N 65277 nach Zittau den Bahnhof Neusalza-Spremberg. Bei dem naßkalten Aprilwetter des 20.4.1980 entsteht ein mächtiger Dampfpilz.

133 Rechte Seite außen: Bis 1980 kamen auch noch CSD-Dampflokomotiven nach Ebersbach. Am 20. April 1980 fährt 556.053 mit einem grenzüberschreitenden Güterzug aus Ebersbach aus. Im Vordergrund wartet 52 8195 auf Ausfahrt in Richtung Zittau.

Neusalza-Spremberg

Die Zittauer Dampflokomotiven verlassen in der Regel ihren Heimatbahnhof Tender voraus. Das Foto in der langgestreckten Kurve bei Eibau zeigt diese typische Situation mit 52 8043. [19.4.1981]

Unmittelbar an der Grenze zur CSSR liegt die Ausfahrt aus dem Bahnhof Ebersbach Richtung Zittau. Links im Hintergrund ist bereits der tschechische Streckenteil zu sehen. Mit dem morgendlichen Nahgüterzug 65221 nach Seifhennersdorf war am 18. April 1986 die 52 8183 beschäftigt.

52 8183-7

136 Laut Plan wurde auch der P 9825 (Ebersbach - Zittau) werktags außer samstags mit Dampf gefahren. - Doch in den letzten Jahren war stets auch mit Dieseltraktion (vor allem bei Personenzügen) zu rechnen. Am 5. September 1984 hatten die Fotografen Glück und erwischten 52 8054 bei der Einfahrt in den Haltepunkt Oberoderwitz-Oberdorf.

Letzte Station vor Zittau ist Mittelherwigsdorf. Durch die typische Landschaft der Oberlausitz strebt P 17831 dem Zielbahnhof entgegen. [14.5.1985] 137

138 139

In Obercunnersdorf sind endlich die für die Oberlausitz so typischen Umgebindehäuser ins rechte Licht zu setzen. Diese Bauten entstanden im 17. und 18. Jahrhundert, als in den kleinen Holzhäusern noch Webstühle betrieben wurden. Der Raum, in dem die Weber arbeiteten, wurde auf ein eigenes Fundament gesetzt, um die Erschütterungen der Webstühle nicht auf das gesamte Gebäude zu übertragen. Die Last des Obergeschosses wurde mit hölzernen Stützkonstruktionen (um die Außenwände des Erdgeschosses herum "gebunden") aufgefangen.

Links: Vom Kirchhof aus beobachten wir 52 8183 mit P 17863 (Löbau - Oberoderwitz) am 17. April 1986.

Rechts: Zum "Tag des Eisenbahners", am 19. Juni 1982, waren 38 205 und 74 1230 mit einem Sonderzug durch die Oberlausitz unterwegs. Auf der Rückfahrt von Zittau nach Dresden erregte der Sonderzug auch in Obercunnersdorf Aufsehen bei der Bevölkerung.

140

Am 13. Mai 1986 war der N 65223 nicht besonders lang. Ohne große Mühe kann 52 8200 den Zug beschleunigen. Das Foto entstand kurz hinter der Bahnhofsausfahrt, noch im Stadtgebiet von Löbau.

141

An der Strecke Bautzen - Wilthen liegt der Bahnhof Singwitz. Am 14. Mai 1985 treffen wir 52 8064 mit N 65253 an dem verträumten Bahnübergang, der sich unmittelbar hinter der Bahnhofsausfahrt befindet. Rahmen und Fahrwerk der Bautzener Maschine waren von den Bw-Bediensteten gerade frisch in leuchtendem Rot gestrichen worden - verlassen doch die hauptuntersuchten Maschinen das Ausbesserungswerk im unbeliebten 'Güterwagenbraun'.

528064-9
6

Stellwerk W5/6

142 Löbau ist wichtiger Eisenbahn-Knoten in der Oberlausitz. Die Straßenbrücke über die westliche Bahnhofseinfahrt bietet einen Blick auch auf die Anlagen des Bw, das als Außenstelle des Bw Bautzen geführt wird. Bei der Einfahrt in den Bahnhof will der Lokführer der 52 8143 dem Stellwerks-Personal eine wichtige "Botschaft" übermitteln. Zum Schichtwechsel versucht ein Eisenbahner schon seit geraumer Zeit, seine Simson in Gang zu bringen.

143

In der gesamten Oberlausitz findet man zweisprachige Orts- und Bahnhofs-Bezeichnungen. So ist auch die Beschilderung im Bahnhof Löbau deutsch und sorbisch abgefaßt. Am verregneten 18. Mai 1985 rollt 52 8148 ins Bw.

01 137